AF338038

L'ENREGISTREMENT AU CONGO

MÉMENTO ALPHABÉTIQUE

DES DROITS ÉTABLIS ET DES OPÉRATIONS IMPOSÉES

PAR LE DÉCRET DU 1er JUIN 1903

INSTITUANT

LA TAXE D'ENREGISTREMENT SUR LES ACTES ET LES JUGEMENTS

PARIS

IMPRIMERIE NATIONALE

1904

COLONIE DU CONGO FRANÇAIS ET DÉPENDANCES

L'ENREGISTREMENT AU CONGO

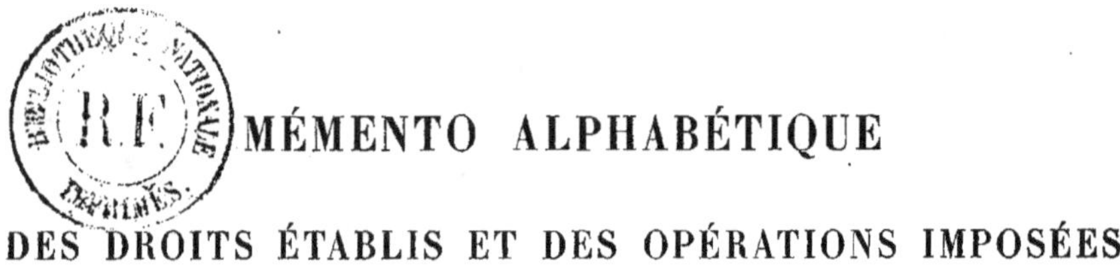

MÉMENTO ALPHABÉTIQUE

DES DROITS ÉTABLIS ET DES OPÉRATIONS IMPOSÉES

PAR LE DÉCRET DU 1ᵉʳ JUIN 1903

INSTITUANT

LA TAXE D'ENREGISTREMENT SUR LES ACTES ET LES JUGEMENTS

PARIS

IMPRIMERIE NATIONALE

1904

MÉMENTO ALPHABÉTIQUE

DES DROITS ÉTABLIS ET DES OBLIGATIONS IMPOSÉES

PAR LE DÉCRET DU 1ᵉʳ JUIN 1903 ET L'ARRÊTÉ LOCAL DU 22 DÉCEMBRE 1903.

Abandonnement ou CESSION DE BIENS. — C'est l'abandon que fait un débiteur de tous ses biens à ses créanciers, lorsqu'il se trouve hors d'état de payer ses dettes. C'est une mutation immobilière, si les biens abandonnés sont immeubles, sujette aux mêmes droits et obligations que la vente d'immeubles. (Voir *Vente d'immeubles*.)

Acceptations. — Droit fixe de 3 francs.

Acceptilation ou REMISE DE DETTE. — C'est l'abandon qu'un créancier fait de son droit ou sa dette au profit de son débiteur. — Droit fixe de 3 francs.

Acquiescement à un jugement qui prononce une condamnation inférieure à 100 francs : 1 franc fixe. Tous les autres acquiescements : 3 francs fixe.

Actes administratifs. — Au sens strict du mot, ce ne sont que les actes ayant le caractère d'ordres ou d'injonctions émanés de la puissance publique; mais, par extension, ce terme est appliqué en pratique aux contrats passés entre l'État et les particuliers en la forme administrative : adjudications et marchés, soumissions acceptées et valant marché; adjudications, ventes et locations d'immeubles domaniaux faites par actes spéciaux, etc.

Les rédacteurs de ces actes sont tenus d'ouvrir un répertoire où les actes soumis aux droits sont consignés par date et numéro. (Voir *Répertoire*.)

Sont exonérés de tous droits (art. 29) :

1° Les actes d'acquisition, partage ou échange d'immeubles par l'État et, en général, tous ceux dont les frais incombent à l'État;

2° Les actes relatifs au mariage des indigents;

3° Les actes de l'état civil;

4° Les actes relatifs à la caisse des retraites et ceux concernant les successions de fonctionnaires ou militaires français;

5° Les affirmations des procès-verbaux dressés par les agents assermentés;

6° Les prestations de serment des fonctionnaires.

Les aliénations d'immeubles par l'État sont passibles du droit de 1 p. o/o sur le prix exprimé (art. 9, § 5, n° 4).

Les actes administratifs non compris dans les exceptions précitées sont tarifés à 2 francs fixe (art. 8, § 2, n° 1).

Les secrétaires des administrations sont tenus aux mêmes obligations que les notaires, greffiers et huissiers. (Voir ces mots.)

Pour les copies ou expéditions des actes soumis à la taxe : voir *Expéditions*.

Actes anciens. — Les actes authentiques, faisant foi de leur date, ne sont soumis aux nouveaux droits qu'autant qu'ils ne sont pas antérieurs à la promulgation du décret; quant aux actes sous signature privée, qui n'acquièrent date certaine que par l'enregistrement, ils sont passibles des droits exigibles au jour de leur présentation à la formalité, quelle que soit la date qu'ils portent.

Le décret ne pouvant avoir d'effets rétroactifs, les jugements et arrêts, ainsi que tous les actes de procédures les concernant, relatifs à une instance ouverte avant la promulgation du décret, restent soumis au tarif de l'arrêté du 31 décembre 1864.

Actes de greffe. (Voir *Greffe*.)

Actes de l'état civil. — Ils sont exonérés de tous droits. (Voir *Exonération*.)

Actes de notaire. (Voir *Notaire*.)

Actes innomés. — Les actes innomés sont passibles du droit fixe de 1 franc ou de celui de 3 francs, selon que le paragraphe 1ᵉʳ, n° 2, ou le paragraphe 3, n° 2, du décret leur sont applicables; tels sont les cahiers des charges, les états, plans ou relevés de comptes annexés aux actes authentiques, etc.

Actes judiciaires. — Il faut considérer comme actes judiciaires, non seulement les jugements et arrêts des cours et des tribunaux, mais encore les ordonnances et autres actes signés des magistrats, ainsi que les actes dressés par les greffiers, comme auxiliaires de la justice, en leur qualité d'officiers ministériels.

Pour la perception des droits : voir *Greffier, Jugements*.

Actes produits en justice ou en cours d'instance. — Les actes sous signature privée produits devant les tribunaux doivent avoir acquitté préalablement la taxe à laquelle ils sont assujettis. Faute de l'avoir fait, le tribunal devra en ordonner l'enregistrement avant toute décision judiciaire, à peine, en cas de constatation de l'irrégularité par le ministère public, de rendre les juges personnellement responsables des droits exigibles.

Toute convention écrite, frauduleusement qualifiée de verbale dans un exploit introductif d'instance, sera passible de double taxe (art. 14).

Actes sous seing privé. — Toutes les conventions en général peuvent être faites sous signature privée, sauf les actes ci-après désignés pour lesquels le Code civil exige la forme authentique : 1° les donations entre vifs (art. 931 et 932); 2° les contrats de mariage (art. 1394); 3° les constitutions et mainlevées d'hypothèques (art. 2127 et 2158); 4° les actes nécessaires pour opérer la subrogation légale (art. 1250, 2°).

L'acte sous seing privé ne prend date certaine que par son enregistrement.

Les seuls actes assujettis obligatoirement à la taxe d'enregistrement sont ceux qui portent mutation de propriété ou de jouissance d'immeubles. Ils sont soumis à la taxe dans un délai de six mois de l'entrée en jouissance, à peine d'un double droit (art. 13).

Les actes sous seing privé qui ne sont pas soumis aux droits proportionnels établis par l'article 9, § 7, 8 et 9, sont assujettis aux droits fixes suivants :

S'ils sont produits en justice à l'occasion d'une demande ne dépassant pas 100 francs : 1 franc fixe;

Dans tous les autres cas : 3 francs fixe (art. 8, § 1er, n° 2, et § 3, n° 2).

Adjudications. — Ce mot s'entend de tout contrat formé avec publicité et concurrence : un bail, un marché, une vente, peuvent faire la matière d'une adjudication.

Pour les adjudications faites en la forme administrative : voir *Actes administratifs*.

Les adjudications sont volontaires ou ont lieu par autorité de justice; pour l'application des tarifs, les principes sont les mêmes pour les adjudications que pour les ventes ordinaires d'immeubles ou de meubles, sauf que, si les frais préalables à l'adjudication incombent à l'acquéreur, le montant de ces frais doit être considéré comme charge à ajouter au prix pour la liquidation du droit.

Adjudication sur folle enchère. — La revente sur folle enchère est une adjudication faite devant les tribunaux à l'encontre de l'adjudicataire qui, ayant témérairement enchéri, n'a pas satisfait aux obligations du cahier des charges (Code de procédure, art. 733).

Pour la perception des droits, plusieurs cas se présentent :

1° La première adjudication a acquitté les droits, et le prix de la seconde est inférieur ou égal à celui de la première.

Il n'est dû sur la seconde adjudication que le droit fixe de 5 francs (art. 9, § 4, n° 2) ou celui de 2 p. o/o (art. 9, § 2) sur le montant de la condamnation du fol enchérisseur au payement de la différence entre les deux prix, si le jugement prononce cette condamnation.

2° La première adjudication a acquitté les droits, mais le prix de la deuxième est supérieur à celui de la première.

Le droit de 4 p. o/o n'est exigible que sur ce qui excède le prix de la première adjudication, frais préalables compris (art. 9, § 9, n° 1).

3° Le fol enchérisseur n'a pas acquitté les droits sur le premier jugement d'adjudication.

Les droits sur le second jugement incombent au nouvel adjudicataire, et, en ce qui concerne le fol enchérisseur, deux cas se présentent :

1° Si le prix de la première adjudication n'excède pas celui de la revente, il n'est débiteur d'aucun droit de mutation, mais reste soumis à la pénalité de la double taxe prévue par l'article 13, faute d'avoir fait enregistrer la première adjudication dans les six mois de sa date;

2° Si, au contraire, le prix de la première adjudication est supérieur à celui de la revente, le fol enchérisseur est tenu au payement du droit sur la différence entre les deux prix, indépendamment de la double taxe sur le prix de la première adjudication non enregistrée dans les six mois de sa date.

Adjudication sur surenchère. — La surenchère

ayant pour effet d'opérer la résolution du premier contrat, il est recommandé aux notaires et greffiers de ne soumettre les adjudications à la formalité de l'enregistrement qu'après le délai de surenchère expiré.

La première adjudication surenchérie n'est passible que d'un droit fixe, tandis que l'adjudication sur surenchère donne ouverture au droit de 4 p. o/o établi par l'article 9, § 9, n° 1. (Voir *Vente d'immeubles.*)

Pour les délais, on distingue :

1° La surenchère du dixième sur les adjudications volontaires autorisées en faveur des créanciers, les licitations et ventes judiciaires autres que celles sur expropriation forcée, le délai de surenchère est de huit jours;

2° La surenchère du sixième sur les adjudications d'immeubles saisis, le délai est de huit jours;

3° La surenchère du dixième sur les adjudications après faillite, le délai est de quinze jours.

Adjudications sur licitation. (Voir *Licitation.*)

Agents d'exécution. — Les agents d'exécution sont désignés au décret du 1er juin 1903 sous le nom d'huissiers.

Les actes de toute nature de leur ministère sont soumis au droit fixe de 1 franc (art. 8, § 1er, n° 1), sauf ceux tarifés spécialement ci-après :

Actes introductifs d'instance devant les tribunaux de paix, de simple police et correctionnelle : 2 francs fixe (art. 8, § 2, n° 2).

Actes introductifs d'instance devant toutes autres juridictions, sauf en matière d'appel : 5 francs fixe (art. 8, § 4, n° 1).

Actes destinés à porter un litige d'une juridiction supérieure (appels) : 10 francs fixe (art. 8, § 5, n° 2).

Actes à la requête du ministère public. (Voir *Débet.*)

Pour l'usage et l'approvisionnement des timbres : voir *Timbre.*

Pour la tenue du répertoire : voir *Répertoire.*

Les agents de l'Enregistrement ont le droit, tous les jours non fériés, de 8 heures à 11 heures du matin et de 2 à 5 heures du soir, de se présenter au domicile des agents d'exécution pour vérifier toutes pièces et répertoires. Le refus de communication est puni d'une amende de 10 francs (art. 22).

Amendes. — Les amendes prononcées par jugement sont des pénalités et ne représentent ni la valeur d'une dette, ni un salaire ou un préjudice causé, elles ne sont pas soumises aux droits proportionnels établis par le décret.

Pour les amendes de contravention aux dispositions du décret du 1er juin 1903 : voir *Pénalités.*

Annexes. — On nomme « annexe » la pièce jointe à la minute d'un acte pour faire corps avec elle et rester déposée, comme elle, entre les mains de l'officier public.

Les droits exigibles sur les actes sous signature privée leur sont applicables. (Voir *Actes sous seing privé.*)

Antichrèse. — L'antichrèse est un contrat par lequel un débiteur accorde à son créancier la jouissance d'un certain héritage pour lui tenir lieu des intérêts et du capital de la somme due.

Contrairement au bail, la durée de l'antichrèse est indéterminée et prend fin d'elle-même le jour où le produit net des fruits de l'héritage a couvert le montant de la créance, intérêts compris.

Le droit est de 1 p. o/o sur le capital exprimé (art. 9, § 8, n° 5).

Appel. — L'acte destiné à porter un litige d'une juridiction inférieure à une juridiction supérieure est soumis au droit fixe de 10 francs (art. 8, § 5, n° 2).

Sont taxés au droit fixe de 10 francs les jugements rendus sur appel (art. 8, § 5, n° 3).

Ceux de ces jugements qui portent débouté de demande sont assujettis au droit fixe de 20 francs (art. 8, § 6).

Avis de parents. — Ce sont les délibérations des conseils de famille des mineurs, interdits et absents; ce mot s'applique aussi à tous les actes de gestion et de conservation de leurs biens.

Les avis de parents sont des actes de justice de paix tarifés à 2 francs fixe par l'article 8, § 2, n° 3.

Bail. — Le décret ne vise que les baux écrits d'immeubles, les locations verbales sont donc exemptes de toute déclaration et de tous droits, les baux écrits de meubles sont des actes sous seing privé soumis aux droits fixes. (Voir *Actes sous seing privé.*)

Les baux écrits d'immeubles ne sont pas assujettis à la formalité de l'enregistrement dans le délai déterminé par l'article 13, ils ne constituent qu'une mutation de jouissance et non de propriété ou d'usufruit.

Le tarif est de 2 francs pour 1,000 francs sur le prix cumulé des années avec adjonction des charges incombant au preneur. — Pour la liquidation des droits, les baux faits pour une durée de trois, six ou neuf ans sont considérés comme étant faits pour neuf ans.

Le tarif est le même pour les sous-baux, subrogations et cessions de baux; le droit est liquidé sur le prix cumulé des années restant à courir (art. 9, § 7, nᵒˢ 1 et 2).

Les baux à ferme ou à colonage sont ceux qui stipulent le partage des fruits avec le bailleur. C'est sur la part de fruits revenant au bailleur, évaluée par les parties et tenant lieu de loyer, que le droit de 2 francs pour 1,000 francs est assis, selon les mêmes principes que pour les baux à loyer.

Bail d'industrie. (Voir *Marché.*)

Billets. — Les billets à ordre et effets de commerce, c'est-à-dire les effets négociables ou transmissibles par voie d'endossement, traites acceptées ou non, lettres de change, etc., sont tarifés à 2 francs pour 1,000 francs sur le montant de la somme souscrite, sans réduction des acomptes dont le payement pourrait être constaté sur le billet.

Les billets simples, c'est-à-dire les actes par lesquels une personne s'engage à payer à une autre une somme déterminée qu'elle reconnaît lui devoir, n'étant pas négociables par voie d'endossement, constituent une véritable obligation ou reconnaissance de dette non transmissible autrement que par cession et passible du droit de 1 p. o/o établi par l'article 9, § 8, nᵒ 1.

Brevets (Actes en). — Actes délivrés aux parties contractantes et non conservés aux minutes de l'officier public qui les reçoit.

Caisse des retraites. — Les actes qui doivent être produits aux caisses des retraites sont exempts de tous droits (art. 29, nᵒ 7).

Carrière. — Les carrières se distinguent des mines en ce qu'elles ne forment pas une propriété spéciale et appartenant aux propriétaires de la surface, par application de l'article 552 du Code civil.

Le bail d'une carrière, même d'une durée indéfinie, constitue une cession de produits mobiliers (Cassation, 12 août 1833) passible du droit de 2 p. o/o (art. 9, § 8, nᵒ 1).

Casier judiciaire. — Exempt de tous droits (art. 29, nᵒ 1).

Cautionnements. — Les cautionnements de toute nature n'étant pas spécialement tarifés par le décret, sont soumis au droit fixe de 3 francs.

Certificats. — Non tarifés spécialement, sont assujettis au droit fixe de 3 francs.

Cessions et délégations de créances. — Les cessions, transports et délégations de créances à terme sont assujettis au droit de 1 franc pour 100 francs, sur le montant de la créance constatée et non sur le montant du prix de cession (art. 9, § 8, nᵒ 1).

A cède à B, moyennant le prix de 1,000 francs, une créance de 2,000 francs à l'encontre de C dont la solvabilité lui paraît douteuse, le droit sera basé sur 2,000 francs, montant de la créance constatée, et non sur 1,000 francs, prix de la cession.

Cession de droits successifs. — Dans l'acte par lequel un ayant droit à une succession cède à un tiers ses droits mobiliers et immobiliers à la succession, si l'évaluation de ces droits n'est pas faite par nature de meubles et immeubles le tarif à appliquer est celui de 4 p. o/o fixé pour les mutations immobilières; le droit est basé sur le prix total de la cession auquel vient s'ajouter le montant des dettes de la succession que le concessionnaire prend l'obligation d'acquitter, cette obligation constitue une charge qui devra être évaluée.

Charges. — L'article 9, § 7, nᵒ 1, et § 9, nᵒ 1, prévoit l'adjonction des charges au prix principal pour la liquidation des droits proportionnels.

Le mot « charges » s'entend du supplément ou des accessoires du prix du bail ou de la vente, c'est-à-dire tout ce qui incombe légalement au vendeur ou au bailleur et dont l'acquéreur ou le locataire prend charge.

Exemples : 1ᵒ Le locataire s'engage à payer, outre son loyer, les impôts, les frais de vidange, etc., ces frais, incombent de droit au bailleur, deviennent pour le preneur une charge à évaluer et à ajouter au prix du loyer pour la perception du droit de 2 francs pour 1,000 francs.

2ᵒ L'acquéreur s'engage à payer, outre le prix d'acquisition, une dette du vendeur : charge à ajouter au prix pour la liquidation du droit de 4 p. o/o.

3ᵒ Le vendeur se réserve la jouissance de l'immeuble vendu pour une durée déterminée, si le prix est payé ou s'il est déclaré payable avec intérêts à partir d'une époque antérieure à l'entrée en jouissance effective, c'est une charge à évaluer et à ajouter au prix.

4ᵒ La réserve d'usufruit pour la durée de la vie du vendeur doit être évaluée d'office à la moitié du prix de vente et ajoutée à ce prix.

Au contraire, il y a lieu de déduire du prix de

vente la valeur des frais d'acte quand le vendeur en prend charge; ces frais incombant de droit à l'acquéreur.

Chèques. — Ils peuvent être assimilés, pour la perception des droits, aux effets négociables ou non négociables, selon leur nature. (Voir *Billet*.)

Command. — La déclaration de command est l'exercice de la faculté réservée par l'acheteur d'indiquer, dans un certain délai, une tierce personne, « son command ou ami », qu'il ne fait pas connaître et qui prendra le marché pour son compte.

La déclaration de command est soumise au droit fixe de 3 francs.

Commissaires priseurs. — Tous les actes de leur ministère sont assujettis au droit fixe de 3 francs (art. 8, § 3, n° 1).

Communication. — Les agents de l'Enregistrement auront le droit, tous les jours non fériés, de 8 heures à 11 heures du matin et de 2 à 5 heures du soir, de se présenter au domicile des notaires, greffiers, huissiers et secrétaires des administrations, pour y procéder à toutes vérifications, prendre communication de tous actes, procès et répertoires, en retirer copie et faire toutes constatations qu'ils croiront nécessaires à la stricte application des dispositions du décret du 1er juin 1903.

Tout refus de communications sera passible d'une amende fiscale de 10 francs, dont le recouvrement sera poursuivi comme en matière d'enregistrement (art. 22).

Les receveurs de l'Enregistrement ne pourront donner communication ou délivrer copie des doubles des actes qui sont déposés à leur bureau que sur ordonnance du juge de paix, lorsque ces communications ou copies ne seront pas demandées par quelqu'une des parties contractantes, leurs ayants cause ou leurs mandataires réguliers.

Il leur sera payé 1 franc pour recherche de chaque année indiquée et 1 franc par rôle de copies.

Les copies seront délivrées dans la forme prescrite à l'article 6 du décret (25 lignes à la page et 15 syllabes à la ligne), mais sur papier libre. (Arrêté du 22 décembre 1903.)

Compensation. — Lorsque deux personnes sont réciproquement créancières et débitrices l'une de l'autre, elles peuvent convenir de la libération de la dette jusqu'à concurrence de la dette la plus faible.

Il faut distinguer la compensation, qui suppose deux personnes réciproquement créancières et débitrices, de la confusion où il n'y a qu'une dette et qu'une seule personne qui réunit et confond sur sa tête les qualités de créancier et de débiteur, lesquelles s'annulent réciproquement.

Les actes qui constatent la compensation ou la confusion ne sont passibles que de droits fixes.

Compte. — Dans le sens juridique le compte s'entend de l'état des recettes et dépenses présenté par celui qui a eu l'administration de la fortune d'autrui.

Le compte, de quelque nature qu'il soit, lorsque le solde débiteur est reconnu et accepté par le débiteur non libéré, constitue une véritable obligation assujettie au droit de 1 franc pour 100 francs sur le reliquat (art. 9, § 8, n° 1).

Conciliation. — Les procès-verbaux de conciliation et les actes de production de pièces au greffe à cet effet sont exonérés de tous droits par l'article 29, n° 13.

Les procès-verbaux de non-conciliation étant des actes essentiellement du ressort de la juridiction de paix, sont tarifés au droit fixe de 2 francs par l'article 8, § 2, n° 3.

Condamnation. (Voir *Jugements*.)

Confusion. (Voir *Compensation*.)

Conseils de famille. (Voir *Avis de parents*.)

En cas d'indigence constatée, les conseils de famille et tous actes y relatifs sont exonérés de tous droits par l'article 29, n° 4.

Contrats de mariage. — Non spécialement visés par le décret, sont soumis au droit de 3 francs (art. 8, § 3, n° 1).

Copies. (Voir *Expéditions*.)

Crédit (Ouvertures de). — L'ouverture de crédit est un contrat par lequel une personne s'engage à fournir à une autre personne, soit une certaine somme, soit certaines valeurs ou objets spécifiés, jusqu'à concurrence d'un chiffre déterminé, sans que le crédité soit obligé d'user la faculté qui lui est donnée.

L'acte d'ouverture de crédit ne constitue pas une obligation immédiate et ne devient passible du droit proportionnel de 1 franc pour 100 francs qu'autant que le crédit est partiellement ou totalement réalisé et sur le montant de la réalisation.

L'acte qui constate simplement l'ouverture d'un crédit non encore réalisé n'est passible que du droit fixe de 3 francs.

Curatelle aux biens vacants. — Les actes, jugements et arrêts relatifs à la Curatelle aux successions vacantes sont exonérés de tous droits lorsque les frais incombent à la Curatelle (art. 29, n° 1).

Date. — Pour les actes sous seing privé, l'inscription de la date n'est nécessaire à la validité des actes que pour : 1° les testaments olographes (écrits de la main du testateur) (Code civil, 970); 2° les effets négociables (Code de commerce, 110, 112, 139 et 188); 3° les polices d'assurances (Code de commerce, 332).

Les actes sous signature privée n'acquièrent date certaine que par la formalité de l'enregistrement et du jour de cette formalité (Code civil, 1328).

Dation en payement. — Si le débiteur, au lieu de la chose qu'il était tenu de livrer, en livre une autre, il n'y a plus payement pur et simple, mais *dation* d'une chose autre que celle promise *en payement* de l'obligation.

Si la chose donnée en payement est une valeur mobilière, le droit est celui de 1 p. o/o fixé par l'article 9, § 8, n° 1; si c'est un immeuble, il y a mutation immobilière assujettie au droit de 4 francs pour 100 par l'article 9, § 9, n° 1, et au délai fixé par l'article 13.

Débet. — Les actes, exploits, procès-verbaux, jugements ou arrêts en matière de simple police, de police correctionnelle et en matière criminelle, généralement tous actes relatifs à la répression des contraventions, délits ou crimes, lorsqu'il n'y a pas de partie civile en cause, seront visés pour taxe en débet par le receveur de l'Enregistrement ou, dans les résidences où il n'y a pas de receveur, par le juge de paix.

Les receveurs de l'Enregistrement poursuivront la rentrée des droits d'après les extraits qui leur seront fournis par les greffiers (art. 28).

Débouté. — Le débouté est le rejet d'une demande en justice ; en première instance il est dû un droit fixe de 10 francs, si le jugement ne donne pas ouverture à la perception d'un droit proportionnel supérieur (art. 8, § 5, n° 1).

En appel, 20 francs fixe, sous les mêmes réserves (art. 8, § 6).

Le débouté d'opposition à un jugement rendu par défaut n'est pas un débouté de *demande* et ne

donne ouverture qu'au droit fixe spécial au jugement, selon sa juridiction.

Décharge. — La décharge est l'acte par lequel celui qui s'est obligé à gérer et conserver une chose pour le compte d'autrui est déclaré délié des conséquences de son obligation. Les décharges sont des actes innomés sujets au tarif de 6 francs fixe (art 8, § 3, n°ˢ 1 et 2).

Déclarations. — Les déclarations unilatérales, c'est-à-dire la manifestation d'une seule volonté, sont passibles du droit fixe inhérent aux actes sous signature privée ou notariés, ou judiciaires, selon leur nature.

(Ne pas confondre avec la pollicitation qui est aussi une manifestation unilatérale, mais liée, pour sa validité, à une autre volonté concordante, dont l'adhésion vient former, avec le premier acte, un contrat synallagmatique complet).

Déclaration d'adjudicataire. (Voir *Command.*)

Délai. — Les notaires, greffiers, huissiers et secrétaires des administrations doivent apposer sur les minutes de leurs actes, *à l'instant même de leur réception*, les timbres correspondant aux droits exigibles (art. 11).

Les greffiers doivent réclamer aux parties en cause (sans distinction de demandeur ou défendeur) les droits exigibles sur les jugements ou actes judiciaires et apposer les timbres correspondants sur les minutes, *dès que le montant des droits leur a été versé.* Si les droits ne sont pas acquittés dans le délai d'un mois, le recouvrement en sera poursuivi par les receveurs de l'Enregistrement; à cet effet, les greffiers fourniront aux receveurs, dans les dix jours qui suivront l'expiration du délai, des extraits par eux certifiés des actes et jugements dont les droits ne leur auront pas été remis par les parties, à peine d'une amende de 10 francs par chaque mois de retard et pour chaque acte et jugement ; ils seront en outre personnellement contraints au payement des droits (art. 12).

Les actes sous signature privée portant mutation de propriété ou d'usufruit d'immeubles, à titre onéreux ou à titre gratuit, doivent acquitter les droits dans les *six mois* de l'entrée en possession du nouveau possesseur, à peine d'une double taxe (art. 13).

Il n'y a point de délai de rigueur pour tous les autres actes sous seing privé (art. 14).

Pour les délais de réclamation par ou contre l'Enregistrement : voir *Prescription.*

Délégations de créances. (Voir *Cessions de créances.*)

Dépens. — On appelle dépens les frais d'un procès. Tout plaideur qui succombe sera condamné aux dépens (Code de procédure, 130).

Ils n'entrent pas en ligne de compte pour le calcul des droits proportionnels à percevoir sur les jugements et arrêts.

Dépôts. — L'article 10 du décret du 1ᵉʳ juin 1903 laisse aux parties qui présentent un acte sous signature privée à la formalité de l'enregistrement, la faculté de déposer au bureau du receveur, contre récépissé, un double de l'acte. Ce double, exempt de tous droits, devra leur être communiqué sur leur réquisition.

Il résulte des termes de cet article que, seules, les parties contractantes, leurs ayants cause ou leurs mandataires réguliers peuvent requérir le dépôt et la communication des doubles. Toutefois la communication peut être donnée à une partie étrangère à l'acte, sur ordonnance du juge de paix. (Arrêté du 22 décembre 1903.)

Pour la communication du double par le service de l'Enregistrement, il sera payé au receveur, à titre de salaire, 1 droit de 1 franc par année de recherches ; si les parties requièrent une copie du double, elles devront acquitter, au même titre, une somme de 1 franc par rôle de copie. Les copies seront délivrées sur papier timbré et dans la forme prévue à l'article 6 du décret.

Les receveurs seront tenus d'enliasser par ordre de date et par année séparée les doubles des actes sous seing privé qui leur sont déposés. (Arrêté du 22 décembre 1903.)

Désistement. — C'est la déclaration faite d'abandonner une instance. Les droits sont les droits fixes qui régissent les actes sous seing privé ou notariés, selon la nature de l'acte.

Dispositions indépendantes. — Dans un même acte ce sont celles qui ne dérivent pas les unes des autres. (Voir *Pluralité.*)

Exemple : A vend à B une maison pour la somme de 10,000 francs, sous réserve du droit de réméré pendant cinq ans ; par le même acte, B devenu propriétaire loue à A la maison dont il s'agit, pour cette même durée de cinq ans et moyennant le loyer annuel de 600 francs. Le bail est tout à fait indépendant de la vente, et il est dû deux droits proportionnels distincts, l'un à 4 p. o/o sur 10,000 francs, prix de la vente (art. 9, § 9), et l'autre à 2 francs pour 1,000 francs sur le prix du loyer multiplié par le nombre des années, soit sur 600ᶠ × 5 (art. 9, § 7).

Exemple contraire : A vend à B une maison pour le prix de 10,000 francs, dont 4,000 payés ;

B s'oblige au payement du solde de 6,000 francs dans un délai, et avec des clauses stipulées. Il n'est dû que le droit de 4 p. o/o sur la mutation immobilière (art. 9, § 9) ; l'obligation de payer, résultant de la convention principale, n'est pas soumise au droit de 1 p. o/o établi par l'article 9, § 8.

Dommages-intérêts. — Les dommages-intérêts prononcés par jugement, contrairement aux amendes et dépenses, constituent de véritables condamnations représentant la valeur d'un préjudice causé. Ils sont donc passibles des droits proportionnels établis sur les jugements par l'article 8. (Voir *Jugements.*)

Donations. — L'article 894 du Code civil définit ainsi les donations entre vifs : « un acte par lequel le donateur se dépouille actuellement et irrévocablement de la chose donnée, en faveur du donataire qui l'accepte ».

Le décret du 1ᵉʳ juin 1903 ne vise que les donations entre vifs de biens immeubles ; les donations éventuelles, c'est-à-dire celles dont l'entrée en possession du donataire est soumise à la réalisation d'un événement, et les donations des biens meubles restent passibles du droit fixe de 3 francs qui s'applique aux actes notariés (art. 8 § 3, n° 1).

Les donations d'ascendants portant partage et les donations entre vifs de biens immeubles en propriété ou en usufruit, en ligne directe, sont soumises au droit de 1 p. o/o sur la valeur déclarée dans l'acte par les parties, déduction faite des dettes (art. 9, § 8, n° 2).

Les donations de même nature par des collatéraux ou des personnes non parentes sont soumises au droit de 4 p. o/o dans les mêmes conditions (art. 9, § 9, n° 5).

Pour la liquidation des droits, l'usufruit peut être évalué à la moitié de la valeur de la propriété. (Voir *Usufruit.*)

Droits en sus ou double droit. — Pénalité consistant en un second droit à payer en sus du droit simple. (Voir *Pénalités.*)

Droits fixes. — C'est le droit établi par le décret sur les actes et jugements de toute nature qui ne contiennent ni obligation, ni condamnation ou liquidation de sommes et valeurs, ni transmission de propriété ou d'usufruit de biens meubles ou immeubles. Ce droit est appelé fixe en ce sens que tous les actes de la même catégorie sont assujettis au même droit, quelles que soient les valeurs qui y sont énoncées, ou qu'ils concernent :

Droits proportionnels. — Ce sont ceux qui sont fixés par l'article 9 d'après les valeurs faisant l'objet du fait imposé.

Droits successifs. (Voir *Cession de droits successifs.*)

Duplicata. — Les duplicata en double des actes sous signature privée déposés au bureau de l'Enregistrement sont exonérés de tous droits, mais doivent porter la mention de la date et du montant des droits perçus sur l'original. (Art. 10 et arrêté du 22 décembre 1903.) Pour leur communication aux parties : voir *Communication.*

Échange. — (Contrat par lequel les parties se donnent respectivement une chose pour une autre. (Code civil, art. 1702.) — Les échanges d'immeubles sont seuls visés par l'article 9, § 8, n° 6, du décret du 1er juin 1903 et tarifés à 1 p. o/o sur la valeur déclarée de la plus faible part.

Les soultes ou retours sont passibles de la taxe de 4 p. o/o (art. 9, § 9, n° 3) sur la soulte exprimée ou la plus-value ; les deux exemples ci-après feront comprendre la différence qui existe entre la soulte et la plus-value :

1° A cède à B une maison valant 10,000 francs et reçoit, en contre-échange, une terre d'une valeur de 12,000 francs, sans soulte stipulée ni retour. Il est dû à 1 p. o/o sur 10,000 francs, le droit d'échange, soit 100 francs ; et à 4 p. o/o le droit de mutation sur la plus-value de 2,000 francs, soit 80 francs.

2° C cède à D une terre valant 10,000 francs et reçoit en contre-échange de D une maison dont la valeur n'est pas indiquée, mais il paye ou s'engage à payer à D une soulte de 1,000 francs. Il est dû à 1 p. o/o sur 10,000 francs le droit d'échange, soit 100 francs, et à 6 p. o/o sur la soulte exprimée, soit 40 francs.

Les échanges constituent une mutation immobilière et sont soumis au délai et à la pénalité par l'article 13 du décret.

Effets négociables. — Ce sont notamment :

1° La lettre de change ou traite, acte dans lequel le souscripteur ou *tireur* mande à une autre personne (tiré) de compter une somme déterminée à une troisième (preneur ou bénéficiaire) qui est désignée dans l'acte ou à tout concessionnaire régulier.

Le bénéficiaire prend le titre d'endosseur lorsqu'il a cédé son titre à un tiers.

Le tiré s'appelle accepteur lorsqu'il a revêtu le titre de son approbation.

2° Le billet à ordre écrit par lequel une personne (souscripteur) promet de payer, à une époque fixée, une certaine somme à une autre personne (bénéficiaire) ou à son ordre, c'est-à-dire celui qui, à l'échéance, sera porteur de l'écrit par voie d'endossement.

Le billet simple est un effet non négociable ; pour la perception des droits d'enregistrement : voir *Billet.*

Élections. — Les actes de procédure relatifs aux inscriptions, réclamations, recours, etc., en matière d'élection sont exemptés de tous droits par l'article 29 du décret.

Émancipation. — C'est un acte qui a pour effet d'anticiper, pour le mineur, l'époque de la majorité et de lui donner, sous certaines réserves, la capacité de majeur.

L'acte d'émancipation est un acte judiciaire soumis aux mêmes droits que les actes et jugements des tribunaux. (Voir *Jugements.*)

Emphytéose. — C'est un contrat par lequel le propriétaire d'un immeuble en confère la jouissance et la possession, pour une longue durée, à un preneur (emphytéote), à la charge de payer une redevance modique (canon), en argent ou en nature, et de faire toutes les dépenses d'entretien et d'amélioration nécessaires, sans pouvoir en réclamer le prix à l'expiration du délai fixé ou du contrat.

La Cour de cassation considère l'emphytéose comme constitutive d'un droit réel immobilier, elle est donc passible de la taxe 4 p. o/o sur l'évaluation du capital de la valeur transmise.

Enquête. — Les procès-verbaux d'enquête judiciaire sont des actes judiciaires tarifés au droit fixe de 2 francs ou 5 francs, selon qu'ils émanent de la juridiction de paix ou de première instance.

Enregistrement. — L'arrêté du 31 décembre 1864, qui tarifait à 1 franc par rôle ou feuille d'écriture tous les actes et jugements, sans distinction de format des feuilles et d'importance des actes, est abrogé par le décret du 1er juin 1903 qui, en remplacement de tous droits anciens de greffe et d'enregistrement, institue la taxe nouvelle.

État. — Les actes d'acquisition faits par l'État ou la Colonie, les actes de partage ou d'échange intervenus entre eux et les particuliers, pour la partie des biens revenant à l'État et, en général, tous actes dont les droits devront être supportés par le Gouvernement, sont exonérés de tous droits par l'article 29.

État civil. — Le même article exempte de tous droits les actes de l'état civil ainsi que leurs expéditions, les actes de dépôt des registres de l'état civil, les actes et jugements rendus à la requête du ministère public pour rectifications ou omissions concernant l'état civil.

Exemption de droits. — L'article 29 exempte de tous droits les actes dont la désignation alphabétique suit :

1° *Caisse des retraites.* — Les actes qui doivent y être produits.

2° *Casier judiciaire.* — Les bulletins du casier judiciaire délivrés aux particuliers.

3° *Conciliation.* — Les procès-verbaux de conciliation et actes de production de pièces au greffe à cet effet.

4° *Curatelle.* — Les actes et jugements relatifs à la Curatelle aux successions vacantes lorsque les frais en incombent à la Curatelle.

5° *Délibérations.* — Les actes portés sur les registres des délibérations intérieures des cours et tribunaux.

6° *Doubles minutes.* — Les doubles minutes des jugements et actes notariés établies conformément aux prescriptions de l'édit de juin 1776.

7° *Élections.* — Les actes de procédure relatifs aux inscriptions, réclamations, recours en matière d'élections.

8° *État.* — Les actes d'acquisitions faits par l'État ou la Colonie, lec actes de partage ou d'échange intervenus entre eux et des particuliers, pour la partie des biens revenant à l'État, et en général tous actes dont les droits devront être supportés par le Gouvernement.

9° *État civil.* — Les actes de l'état civil ainsi que leurs expéditions, les actes de dépôt des registres de l'état civil. Les actes et jugements rendus à la requête du ministère public pour rectifications ou omissions concernant l'état civil.

10° *Expéditions.* — Les expéditions d'actes et jugements délivrées à l'Administration sur sa demande.

11° *Faillites.* — Les actes rédigés en exécution des lois relatives aux faillites.

12° *Immatriculation.* — Les actes, jugements et arrêts relatifs à l'application du décret du 28 mars 1899 sur le régime de la propriété foncière, ainsi que les actes autres que ceux énoncés à l'article 9, § 7, 8 et 9, déposés à laconservation à l'appui d'une demande d'immatriculation ou pour requérir l'inscription de droits réels ou d'une formalité hypothécaire.

13° *Interdits.* — Les délibérations prises en conséquence d'une interdiction, en cas d'indigence seulement.

14° *Liquidations judiciaires.* — Les actes rédigés en exécution des lois relatives aux liquidations judiciaires.

15° *Mariage des indigents.* — Les actes nécessaires pour faciliter le mariage des indigents, sur la production d'un certificat. (Loi du 10 décembre 1850.)

16° *Mineurs.* — Les avis de parents des mineurs et tous autres actes relatifs à la convocation, constitution, délibérations et homologations des conseils de famille, mais en cas d'indigence seulement.

17° *Ministère public.* — Les expéditions ou extraits d'actes délivrés à la requête du ministère public.

18° *Ordres et contributions.* — Les actes faits sur le registre des contributions et ordres pour la distribution des deniers.

19° *Procès-verbaux.* — Les affirmations de procès-verbaux des agents, employés ou gardes de l'État dans l'exercice de leurs fonctions.

20° *Serments.* — Les prestations de serment des fonctionnaires.

21° *Successions.* — Les actes relatifs aux successions des militaires et fonctionnaires français.

Expéditions. — On entend par ce mot la transcription d'un acte faite par l'officier public même qui a reçu et gardé la minute de l'acte.

L'expédition délivrée en forme exécutive, c'est-à-dire revêtue du mandement d'exécution donné au nom du Président de la République, s'appelle « grosse ». Il ne peut, sauf décision judiciaire, en être délivré qu'une, tandis que le nombre des expéditions est illimité.

Les expéditions et copies délivrées par les notaires, greffiers, huissiers et secrétaires des administrations sont établies sur du papier spécial délivré par l'Enregistrement en même temps que les timbres mobiles spéciaux correspondants, destinés à être apposés sur la minute de l'acte ou jugement; elles ne doivent comporter, au maximum, que 25 lignes à la page et 15 syllabes à la ligne (compensation faite des lignes entre elles) [art. 6]. Toute infraction à ces dispositions est punie d'une amende de 5 francs (art. 23).

Les expéditions des jugements rendus en matière de simple police, correctionnelle ou criminelle, lorsqu'il n'y a pas de partie civile en cause, sont établies sur papier libre, dans la même forme, mais visées pour valoir timbre en débet; le recouvrement des droits est poursuivi par les receveurs de l'Enregistrement au vu des extraits de jugements fournis par les greffiers (art. 28).

Il n'est dû aucun droit d'enregistrement fixe ou proportionnel sur les expéditions.

3.

Experts. — Les rapports dressés par les .experts désignés par jugement, arbitrage ou ordonnance sont considérés comme actes sous signature privée et assujettis aux mêmes droits (actes sous signature privée). Ils doivent acquitter les droits avant tout usage en justice.

Exploits. — Ce mot s'entend des actes du ministère des huissiers, tels que citations, assignations, commandements, sommations, significations, notifications, procès-verbaux de saisies. Son sens s'étend à certains actes du ministère des notaires, préposés des administrations, agents des douanes et des contributions, gardes champêtres, gardes forestiers, etc. (Voir *Agents d'exécution.*)

Faillite. — La faillite est l'état de cessation des payements d'un commerçant. L'insolvabilité d'un non-commerçant s'appelle déconfiture.

L'article 29 exempte de tous droits les actes rédigés en exécution des lois sur les faillites. L'article 10 de la loi du 26 janvier 1892 désigne les actes de cette nature ; il en résulte que le jugement déclaratif de faillite et celui qui détermine l'époque de la cessation des payements sont soumis aux droits qui frappent les jugements. (Voir *Jugements.*)

Folle enchère. (Voir *Adjudication.*)

Fonds de commerce (Ventes ou Cessions de). — Les mutations de fonds de commerce constituent des transmissions de biens mobiliers et, comme telles, sont soumises à la taxe de 1 franc pour 100 francs prévue par l'article 9, § 401, du décret.

Le fonds de commerce est une universalité juridique composée de : 1° l'achalandage ou clientèle ; 2° le matériel d'exploitation ; 3° les marchandises garnissant le fonds, et 4° le droit au bail des bâtiments où l'industrie s'exerce. Ce droit au bail, s'il est distingué et évalué dans l'acte, n'est passible que du droit de 2 p. 1,000 établi sur les cessions de baux. (Voir *Bail.*)

Forêts. — Les procès-verbaux ou actes de vente de coupes forestières constituent également des aliénations de biens meubles soumises au même droit de 1 p. o/o (art. 9, § 8, n° 1).

Frais de justice criminelle. — On entend, en administration, par frais de justice criminelle ce que la Caisse publique est obligée de payer pour la poursuite des délits en matière criminelle et de police correctionnelle : frais de transport des magistrats, frais de transport des prévenus et des pièces à conviction, taxes allouées aux témoins, jurés, experts, etc. Mémoire des frais et honoraires payés aux médecins, experts, gens de l'art, etc.

Les frais de justice criminelle sont ordonnancés de la façon suivante : 1° sur réquisition du ministère public ; 2° sur ordonnance de taxe par le même magistrat ; 3° sur exécution émanant du président du tribunal ou du juge de paix selon la juridiction de l'affaire. L'exécution doit porter la mention suivante : « Et, attendu qu'il n'y a pas de partie civile en cause, ordonnons que ladite somme sera payée sur les frais de justice criminelle par le receveur de l'Enregistrement. » Les pièces justificatives du payement de ces frais sont admises comme valeur dans le versement des fonds de la caisse des receveurs. (Arrêté du 22 décembre 1903, art. 10.)

Greffe. Greffier. — En soumettant aux droits fixes de 2 francs, 5 francs et 10 francs, par l'article 8, § 2 n° 3, § 4 n° 2, § 5 n° 3, les actes judiciaires quelconques, émanant des tribunaux de paix, de première instance et d'appel, le décret du 1er juin 1903 a mis sous ce régime les actes de greffe proprement dits, c'est-à-dire les actes judiciaires passés au greffe sans la participation des magistrats à l'ordre judiciaire, mais avec celle du greffier.

Sauf les exceptions prévues par l'article 29 qui exonère de tous droits plusieurs catégories d'actes judiciaires (art. 29, n°ˢ 1, 2, 3, 5, 6, 7, 9, 10, 11, 13, 14 et 15), les minutes d'actes et jugements doivent être écrites sur papier libre avec une marge obligatoire correspondant au quart de la largeur de la feuille employée.

Cette marge est réservée pour l'application des timbres mobiles représentant les droits auxquels l'acte donne ouverture et pour celle des timbres correspondant aux expéditions délivrées (art. 7).

Les greffiers devront exclusivement employer, pour les grosses, expéditions ou copies collationnées des actes soumis à la taxe, le papier spécial qui leur sera délivré par les receveurs de l'Enregistrement et seront tenus de coller sur la minute un nombre de timbres mobiles spéciaux correspondant au nombre des rôles employés pour les copies ou expéditions (art. 6).

Chaque rôle tarifé à o fr. 60 ne doit comprendre au maximum que 25 lignes à la page et 15 syllabes à la ligne (compensation faite des lignes les unes avec les autres) [art. 6] ; toute contravention à ces dispositions est passible d'une amende de 5 francs.

Les timbres représentatifs des droits établis par le décret doivent être apposés à l'instant même de la réception des actes ; toutefois il est fait exception pour les jugements d'adjudication susceptibles d'être surenchéris (voir *Adjudication sur surenchère*); et il est recommandé de n'apposer les timbres qu'après que, le délai de surenchère étant expiré, l'adjudication est devenue définitive.

Les greffiers des tribunaux de tout ordre réclament aux parties (sans distinction de demandeur ou défendeur) en cause les droits exigibles sur les jugements et actes judiciaires et apposent les timbres représentant ces droits sur les minutes. Si les droits ne sont pas acquittés dans le délai d'un mois, le recouvrement en sera poursuivi par le receveur de l'Enregistrement; à cet effet, les greffiers fourniront aux receveurs, dans les dix jours qui suivront l'expiration du délai, des extraits, par eux certifiés, des actes et jugements dont les droits ne leur auront pas été remis, à peine d'une amende de 10 francs par chaque mois de retard et pour chaque acte et jugement, et d'être en outre personnellement contraints au payement des droits (art. 12).

Les notaires, greffiers, huissiers et secrétaires des administrations seront approvisionnés par les soins du service de l'Enregistrement, des timbres correspondant à leurs besoins présumés pour une année (art. 15); mais, dans les sièges des justices de paix dépourvus de receveurs de l'Enregistrement, le greffier sera seul détenteur des timbres mobiles fiscaux et des timbres et feuilles pour copies ou expéditions; les autres officiers ministériels, ainsi que les particuliers, s'approvisionneront au greffe des timbres qui leur seront nécessaires et les payeront au comptant.

Le greffier apposera lui-même les timbres sur les actes en percevant les droits et les soumettra à l'oblitération du juge de paix, qui vérifiera la perception. (Arrêté du 22 décembre 1903, art. 1 et 5).

Les greffiers tiendront un répertoire des actes et jugements. (Voir *Répertoire*.)

Les greffiers oblitèrent eux-mêmes, par l'apposition de la date et de leur signature, les timbres mobiles de copies apposés sur leurs minutes et correspondant aux feuilles d'expédition employées (art. 16).

Dans le mois qui suivra l'expiration de chaque semestre (courant de janvier et juillet), les greffiers devront adresser au bureau de l'Enregistrement :

1° Leur répertoire mis à jour à la date de l'envoi et, jusqu'au retour de ce document, tiendront un faux répertoire destiné à mettre à jour le répertoire réglementaire; dans les sièges de justices de paix dépourvus de bureaux d'Enregistrement, les timbres étant soumis à l'oblitération du juge de paix, ils n'enverront pas au receveur les minutes dont les timbres n'auraient pas été oblitérés, mais indiqueront au répertoire,

dans une colonne spéciale d'observations, ceux des actes qui n'ont pas été présentés à cette formalité et les motifs de ce retard;

2° Les fonds provenant des timbres débités ou le récépissé officiel de leur versement à la caisse publique de leur résidence;

3° Un état conforme au modèle A annexé à l'arrêté du 22 décembre 1903.

Les doubles minutes prescrites par l'édit de juin 1776 devront être envoyées au fur et à mesure de leur rédaction; elles devront indiquer le montant des droits perçus, à peine d'une amende de 5 francs pour chaque omission (art. 20 et 23).

Grosse. (Voir *Expédition*.)

Huissier. (Voir *Agents d'exécution*.)

Hypothèque. — Le régime hypothécaire est remplacé, au Congo français, par celui de la propriété foncière instituée par le décret du 28 mars 1899; les hypothèques et privilèges, résultant, au profit d'un créancier ou d'un propriétaire de droits réels de la loi, d'un jugement ou d'une convention, s'inscrivent au bureau de la Conservation de la propriété foncière sur les immeubles immatriculés.

Indivision. (Voir *Partage*.)

Interdiction. — Les décisions judiciaires portant interdiction ou mainlevées d'interdiction sont assujetties aux droits fixes (art. 8, § 6).

Intérêts. — Les intérêts doivent être ajoutés au prix principal, pour la perception des droits proportionnels, sur le montant des condamnations prononcées par jugements, lorsque le jugement condamne au payement des intérêts; si le taux et le point de départ des intérêts ne sont pas indiqués, ils devront être calculés au taux de 5 p. o/o, à partir du jour de la première demande en justice.

Inventaire. — C'est un acte descriptif et estimatif des biens meubles et immeubles, créances, dettes, etc., enfin tout ce qui constitue l'actif et le passif d'une succession, d'une communauté, d'un commerce ou d'un patrimoine.

Selon qu'ils sont notariés ou faits dans la forme sous seing privé, les inventaires sont soumis aux droits fixes inhérents aux actes de cette nature.

Ils peuvent constituer une véritable reconnaissance de dette passible du droit de 1 p. o/o prévu par l'article 9, § 8, n° 1, si, par l'acte même, une des parties se reconnaît, envers une autre, débitrice de sommes ou valeurs.

Juges de paix. — Aux termes de l'article 1er de l'arrêté du 22 décembre 1903, les juges de paix sont chargés, dans les résidences où il n'existe pas de bureaux de l'Enregistrement, de l'oblitération des timbres fiscaux apposés sur les minutes des officiers ministériels et les actes sous signature privée; à cet effet, ils seront détenteurs de la griffe d'oblitération; de plus, ils devront vérifier les perceptions faites par le greffier sur les actes sous signature privée (art. 4 du même arrêté).

Jugements. — Le mot jugement s'entend de toute décision d'un tribunal sur un différend qui lui est soumis; les décisions ci-après, bien que portant une autre dénomination, n'en sont pas moins de véritables jugements :

Arrêts des cours d'assises, de la cour d'appel ou tribunal supérieur, de la Cour de cassation, de la Cour des comptes et du Conseil d'État.

Ordonnances rendues en référé ou sur requête par le président d'un tribunal ou un juge.

Sentences des arbitres et des Conseils de prud'hommes.

Le décret du 1er juin 1903 assujettit à des droits fixes et proportionnels les jugements et actes judiciaires quelconques, c'est-à-dire tous les actes émanant des magistrats et des greffiers, ces derniers pris en qualité d'officiers ministériels, auxiliaires de la justice.

1° *Droits fixes.* — 2 francs sur les actes et jugements émanant de juridiction de paix, de simple police et de correctionnelle, ne portant ni condamnations, ni liquidation de sommes susceptibles de l'application d'un droit proportionnel, ou pour lesquels la taxe proportionnelle n'atteindrait pas 2 francs; dans ce dernier cas, le droit de 2 francs devient le minimum de la taxe proportionnelle à percevoir.

5 francs sur les actes et jugements des tribunaux de première instance ou de premier degré, en matière civile et de commerce, toujours sous la même condition qu'ils ne donnent pas ouverture à la taxe proportionnelle, ou que le montant de la taxe ne serait pas supérieur à 5 francs.

10 francs sur les jugements de première instance qui déboutent le demandeur de sa demande. (Voir *Débouté.*)

10 francs sur les arrêts rendus en appel, sous la même condition de ne donner ouverture à aucun droit proportionnel ou de n'être pas assujettis à une taxe proportionnelle supérieure à 10 francs. Il faut observer que, si la condamnation prononcée en appel n'est que la confirmation de celle prononcée en première instance, et ayant déjà acquitté les droits proportionnels sur le premier jugement, il ne peut être perçu un nouveau droit proportionnel, et le droit fixe de 10 francs devient seul exigible.

Les arrêts préparatoires rendus en appel avant décision et qui ne comportent aucune disposition définitive (arrêts nommant des experts, ordonnant serment, ordonnant production ou dépôt de pièces, etc.) ne peuvent être considérés comme passibles du droit de 10 francs et restent soumis au droit fixe de 5 francs applicable aux jugements de première instance.

20 francs sur les jugements rendus sur appel et rejettant la demande de l'appelant.

2° *Droits proportionnels.* — La taxe est de 1 franc pour 100 sur les jugements rendus par les tribunaux de paix de simple police et correctionnels et tous actes judiciaires qui en émanent, portant condamnation de sommes ou valeurs, liquidation, reconnaissance, homologation, collocation, compte, partage. Le droit est calculé sur le montant des sommes ou des valeurs, tant mobilières qu'immobilières qui font l'objet de la décision (art. 9, § 1).

La taxe est de 2 p. 0/0, sous les mêmes bases et règles de perception, pour les juridictions de première instance et d'appel (art. 9, § 2).

Les frais ne sont pas comptés pour le calcul de la taxe (art. 9, § 3).

En matière de liquidation, comptes, partages et actes analogues, la taxe proportionnelle n'est calculée que sur le montant de l'actif ou du reliquat nets (art. 9, § 5).

Les amendes prononcées par jugements ne sont pas assujetties à la taxe. (Voir *Amendes.*)

Les intérêts des condamnations viennent s'ajouter au prix principal pour la liquidation de la taxe proportionnelle. (Voir *Intérêts.*)

Tous les jugements de liquidation, homologation, partage, provoqués par l'incapacité d'une des parties, tous les actes judiciaires intervenus à l'occasion d'une minorité ou d'une incapacité sont exonérés de la taxe proportionnelle et assujettis au simple droit fixe établi selon la juridiction (art. 9, § 6).

Les adjudications à la barre du tribunal sont soumises à des droits particuliers, selon leur nature. (Voir *Adjudication.*)

Les actes et jugements à la requête du ministère public, lorsqu'il n'y a pas de partie civile en cause, sont assujettis aux mêmes droits, mais en débet. (Voir *Débet.*)

L'article 29 du décret exonère de tous droits un certain nombre d'actes et jugements. (Voir *Exemption.*)

Pour l'application des timbres fiscaux et de copies sur les actes et jugements, leur rédaction, leurs doubles minutes, leurs grosse et expéditions : voir *Greffe*.

Pour les instances engagées avant la promulgation du décret organique : voir *Actes anciens*.

Justice de paix. (Voir *Juge de paix* et *Jugements*.)

Légalisation. — C'est l'attestation par laquelle un fonctionnaire public compétent certifie la signature apposée au bas d'un écrit.

Les légalisations ne constituent pas un acte, mais une formalité de garantie; et ne sont passibles d'aucun droit.

Legs. — Disposition testamentaire révocable par laquelle une personne donne tout ou partie de ses biens pour le temps où elle ne sera plus (Code civil 895). [Voir *Testament*.]

La délivrance de legs ne donne ouverture à aucun droit proportionnel; elle tombe dans la catégorie des actes innomés.

Lettre de change. (Voir *Effets négociables*.)

Lettre missive. — C'est un acte unilatéral qui ne peut donner ouverture, en général, au droit proportionnel fixé pour les contrats synallagmatiques : vente, donation, échange, etc.

Mais si elle contient acceptation d'offres antérieures qu'elle rappelle et précise (ainsi un acheteur acceptant la promesse de vente qui lui a été faite et s'engageant à payer le prix), elle donne lieu au droit de mutation; encore faut-il que la lettre forme un titre véritable devant tenir lieu d'acte, et non pas seulement un commencement de preuve par écrit (Cassation, 26 août 1834).

Libération. (Voir *Quittance*.)

Licitation. — La licitation est la vente aux enchères d'une chose appartenant à plusieurs.

La licitation est translative de propriété, et le droit proportionnel de 4 p. o/o, prévu par l'article 9, § 9, n° 2, est exigible, non sur les parts que le colicitant adjudicataire possédait déjà, mais sur les parts qu'il acquiert.

Exemple : Un immeuble, appartenant indivisément pour un tiers à A, pour les deux autres tiers à B et C ou leurs ayants droit, est mis en licitation et adjugé au profit de A moyennant le prix de 30,000 francs et 150 francs de frais préalables et de procédure.

Il est évident que A, faisant confusion sur lui-même (voir *Compensation*) du tiers du prix ne sera tenu de payer que les deux tiers de 30,000 francs; de plus, il était personnellement responsable du tiers des frais.

Le droit de 4 p. o/o n'est exigible que sur 30,150 fr. : 3 × 2 = 20,100 francs, et il n'y a mutation réelle que pour les parts acquises par A et dont il n'était pas antérieurement propriétaire.

Liquidation des droits. — Il n'y a point de fraction de franc pour la liquidation des droits proportionnels. Lorsqu'une fraction de somme ne produit pas 1 franc, le franc sera complété au profit de la Colonie (art. 3).

La perception minima à effectuer sur tout acte sujet au droit fixe ou proportionnel est fixée à 1 franc (art. 4).

Livres de commerce. — Le décret du 1er juin 1903 n'assujettit aux droits que les actes sous signature privée produits en justice; les livres de commerce ne constituent pas des actes, et ils sont exempts de tous droits, même dans le cas de production en justice.

Location. (Voir *Bail*.)

Louage. (Voir *Bail*.)

Loyer. (Voir *Bail*.)

Mainlevée. — La mainlevée d'hypothèque ou mieux, au Congo français où le régime hypothécaire est remplacé par celui de la propriété foncière, d'inscription de droits réels, est l'acte par lequel un créancier renonce, totalement ou en partie, aux effets de l'inscription qui conserve ses droits sur un ou plusieurs immeubles immatriculés et consent à ce que le conservateur en opère la radiation sur les registres fonciers.

Les mainlevées partielles ou totales sont passibles du droit de 2 p. 1,000 sur le montant des sommes qui fait l'objet de la mainlevée (art. 9, § 7, n° 4).

Il y a lieu de distinguer l'acte par lequel un créancier ou détenteur de droits réels donne mainlevée de son inscription sur une partie de l'immeuble ou des immeubles qu'elle frappe, sans indication du montant de la somme. Cet acte, qui est aussi nommé « mainlevée partielle », est en réalité une *réduction de gage* sur laquelle aucun droit proportionnel ne peut être assis et qui est, dès lors, soumise au droit fixe de 3 francs institué sur les actes notariés.

Il existe des mainlevées d'opposition, de saisie, etc., qui n'ont rien de commun avec la mainlevée d'hypothèque, et sont assujetties aux droits fixes. (Voir *Actes sous seing privé*.)

Mandat. — Le mandat est un acte par lequel une personne donne à une autre le pouvoir, accepté par cette dernière, de faire quelque chose pour le mandant et en son nom (Code civil, art. 1984).

Le mandat ou procuration peut laisser en blanc le nom du mandataire; il est soumis aux droits fixes établis sur les actes sous seing privé (voir ce mot) ou les actes notariés tarifés à 3 francs par l'article 8, § 3, n° 1, selon qu'il est rédigé dans l'une ou l'autre forme.

L'impôt du timbre de dimension n'existant pas dans la Colonie pour les minutes des actes, les procurations produites devant certains services publics, tels que le Trésor, la Poste, la Curatelle, etc., et pour lesquelles le droit de timbre est seul exigible en France, à l'exclusion des droits d'enregistrement, se trouvent de ce fait, exemptes de toute taxe.

Marché. — Le louage d'ouvrage, dit l'article 1710 du Code civil, est un contrat par lequel l'une des parties s'engage à faire quelque chose pour l'autre, moyennant un prix convenu entre elles.

L'article 1779 énumère trois espèces principales de louage d'ouvrage ou d'industrie : 1° le louage des gens de travail qui s'engagent au service de quelqu'un; 2° celui qui a pour objet le transport des marchandises et des personnes, tant par terre que par eau; 3° celui des entrepreneurs d'ouvrages par suite de devis ou marchés.

Cette troisième espèce se subdivise encore en deux catégories (art. 1787) : le marché-louage, lorsqu'il ne s'agit que de la fourniture du travail ou de l'industrie, et le marché-vente, quand l'entrepreneur fournit également la matière.

Les marchés ne sont pas tarifés aux droits proportionnels par le décret du 1ᵉʳ juin 1903; ils peuvent être faits par actes sous seing privé ou notariés et sont assujettis aux droits fixes qui incombent aux actes de cette nature, ou enfin, par actes administratifs, quand il s'agit d'une convention entre l'État et un particulier; dans ce dernier cas, ils ne sont sujets qu'au droit fixe de 2 francs prévu par l'article 8, § 2, n° 1.

Mariage. — Le contrat de mariage n'étant pas soumis aux droits proportionnels, est assujetti au droit fixe de 3 francs existant sur les actes notariés (art. 8, § 3, n° 1).

Minimum. (Voir *Jugement* et *Liquidation des droits.*)

Minute. — Se dit de l'original de tout acte qui, par sa nature, peut être délivré en expédition.

Les notaires, greffiers, agents d'exécution et s crétaires des administrations emploieront, pour les minutes de leurs actes, du papier libre avec une marge obligatoire correspondant au quart de la largeur de la feuille employée.

Cette marge est réservée à l'application des timbres mobiles représentant les droits auxquels l'acte donne ouverture et à celles des timbres spéciaux correspondant aux expéditions délivrées (art. 7).

En dehors des cas expressément stipulés, les minutes ne doivent pas être déplacées.

Nantissement. — Contrat par lequel un débiteur remet une chose à son créancier pour sûreté de sa dette. — Acte innomé, droit fixe.

Notaire. — Les actes des notaires autres que ceux assujettis, par leur nature, aux droits proportionnels sont tarifés au droit fixe de 3 francs par l'article 8, § 3, n° 1.

Pour les minutes : voir *Minutes.*

Pour les grosses, expéditions ou copies d'actes : voir *Expéditions.*

Pour la tenue du répertoire : voir *Répertoire.*

Pour l'approvisionnement et l'apposition des timbres mobiles fiscaux et des timbres de copies : voir *Timbre.*

Les doubles minutes prescrites par l'édit de juin 1776 devront être envoyées au fur et à mesure de leur rédaction, elles devront indiquer le montant des droits perçus, à peine d'une amende de 5 francs par chaque omission (art. 20 et 23).

Les doubles minutes sont établies sur papier libre et exemptes de tous droits (art. 29).

Novation. — C'est la substitution d'une nouvelle dette à une ancienne. L'ancienne est éteinte par la nouvelle qui est contractée à sa place.

Pour qu'il y ait novation, il faut le concours de trois éléments : 1° une première obligation à éteindre; 2° l'extinction de cette obligation; 3° la création d'une nouvelle obligation remplaçant celle éteinte.

L'article 1271 du Code civil prévoit trois manières d'opérer la novation : 1° lorsque le débiteur contracte envers son créancier une nouvelle dette qui est substituée à l'ancienne, laquelle est éteinte; 2° lorsqu'un nouveau débiteur est substitué à l'ancien qui est déchargé par le créancier; 3° lorsque, par l'effet d'un nouvel engagement, un nouveau créancier est substitué à l'ancien, envers lequel le débiteur se trouve déchargé.

La novation constituant une obligation nouvelle est assujettie au droit de 1 p. o/o établi par l'article 7, § 8, n° 1.

Nue propriété. (Voir *Usufruit et nue propriété.*)

Nullité. — L'article 25 dit que tout droit régulièrement perçu ne pourra jamais être restitué par suite d'événements ultérieurs.

Les droits sont exigibles sur tous les actes présentés à l'Enregistrement, le Receveur n'est pas juge de la validité des actes, et les cas de nullité, annulation ou résiliation d'un acte ne sauraient être invoqués par les parties contractantes pour obtenir le remboursement des droits.

Obligation. — L'obligation consiste dans le devoir juridique par lequel une personne est astreinte, envers une autre, à livrer, à faire ou ne pas faire quelque chose.

Nous ne considérons que les obligations de sommes ou valeurs assujetties au droit de 1 p. o/o, sur le montant de la créance constatée, par l'article 9, § 8, n° 1, qui vise tous les contrats ayant pour objet la reconnaissance d'une dette, sous quelque forme qu'elle se présente : transaction, promesse de payer, arrêté de compte, billet non négociable, mandat, reconnaissance de dépôt de sommes, etc.

Si ces actes étaient la conséquence d'une convention ou d'un acte translatif de propriété ou d'usufruits d'immeubles n'ayant pas acquitté le droit de 4 p. o/o établi par le paragraphe 9 du même article, il y aurait lieu d'exiger la production de l'acte et de percevoir les droits de mutation et la double taxe instituée à titre de pénalité par l'article 13.

Offres réelles. — C'est un moyen donné par la loi au débiteur d'effectuer un payement que son créancier refuse de recevoir. La procédure a été organisée dans les articles 1257 à 1264 du Code civil et 812 à 818 du Code de procédure.

Les offres réelles se font par actes extrajudiciaires, c'est-à-dire par exploit des agents d'exécution; donc elles sont assujetties au tarif des actes de cette nature. (Voir *Agents d'exécution.*)

Oppositions. — Elles ont lieu également par actes du ministère des agents d'exécution. (Voir ce mot.)

Ordonnances. — Les ordonnances des décisions rendues en référé, sur requête ou à la suite d'un procès-verbal, par les présidents des tribunaux, les juges-commissaires, les juges d'instruction ou les juges de paix, sont des actes judiciaires assujettis aux mêmes droits que les jugements. (Voir *Jugements.*)

Les ordonnances rendues par les magistrats sans le concours des greffiers, tout en étant soumises aux droits, ne doivent pas figurer au répertoire des greffiers.

Ordres et contributions. — Tous les biens des débiteurs forment le gage commun des créanciers (Code civil, 2093).

On doit distinguer ceux des créanciers qui ont quelque préférence, privilège ou hypothèque et ceux qui n'en ont pas et qu'on nomme créanciers chirographaires

La procédure instituée pour déterminer le rang dans lequel les créanciers seront colloqués et payés, s'appelle « ordre » s'il s'agit de la distribution du prix de la vente judiciaire d'immeubles, et « contribution » si la valeur distribuée est une somme d'argent ou le prix de biens mobiliers.

Les actes produits par les créanciers à l'appui de leur demande de collocation devant être soumis aux droits avant toute décision judiciaire, en vertu de l'article 14 du décret, les droits afférents aux ordres et contributions seront donc simplement les droits fixes établis sur les jugements. (Voir *Jugements.*)

Partage. — Le partage est la division, entre plusieurs personnes, de biens qui leur appartiennent en commun; tandis que la licitation, qui attribue à l'un des indivisaires le bien commun moyennant le prix à partager entre tous, substitue une somme d'argent, toujours divisible, à un bien qui pourrait être impartageable ou qu'on ne veut pas partager.

L'article 9, § 7, n° 3, soumet les partages d'immeubles au tarif de 2 p. 1,000, sur le montant de l'actif net partagé.

Le partage ne constitue pas une mutation immobilière lorsqu'il y a juste répartition des droits de chaque copartageant. Mais il y a réellement mutation, et le délai de six mois, fixé par l'article 13 pour la formalité du payement des droits, devient applicable s'il y a soulte, c'est-à-dire attribution à une des parties, d'une part d'immeubles supérieure à la valeur de ses droits dont elle tient et doit tenir compte à ceux de ses copartageants dont la part se trouve ainsi diminuée.

Cette soulte est passible du droit de 4 p. o/o (art. 9, § 9, n° 3), indépendamment du droit proportionnel de partage.

Pour la destruction des soultes et plus-values, voir *Échange.*

Partage d'ascendants. — Les articles 1075 et 1076 du Code civil qui autorisent les partages de cette nature sont ainsi conçus :

« Art. 1075. Les père et mère et autres ascendants pourront faire entre leurs enfants et descendants la distribution et le partage de leurs biens. »

⹊ **Art.** 1076. Ces partages pourront être faits entre vifs ou testamentaires, avec les formalités, conditions et règles prescrites pour les donations entre vifs et testamentaires. Les partages faits par actes entre vifs ne pourront avoir pour objet que les biens présents. »

Les partages entre vifs sont seuls visés par l'article 9, § 8, n° 2, qui les assujettit au droit de 1 p. o/o sur la valeur déclarée des immeubles, déduction faite des dettes.

Les valeurs mobilières se trouvent exonérées des droits, et il n'y a pas lieu d'en tenir compte dans la liquidation de la taxe.

Partage-licitation. (Voir *Licitation.*)

Payement des droits. — Vis-à-vis du Trésor, toutes les parties en cause sont solidaires pour le payement des droits; toutefois, lorsque les droits ont été acquittés par le plaideur qui gagne le procès, celui-ci peut avoir recours contre la partie condamnée (art. 12).

En principe, les officiers publics et ministériels doivent exiger des parties le versement des droits au moment de leur rédaction et en constater le payement par l'apposition des timbres fiscaux; il n'est fait d'exception qu'en ce qui concerne les greffiers pour les cas prévus par l'article 12. (Voir *Greffe.*)

Pénalités. — A défaut de recouvrement, dans le délai d'un mois, des droits exigibles sur les actes judiciaires et jugements, les greffiers devront fournir aux receveurs de l'Enregistrement, dans les dix jours qui suivent l'expiration de ce délai, un extrait desdits actes ou jugements, à peine d'une amende de 10 francs pour chaque contravention et chaque mois de retard; ils seront tenus, en outre, personnellement au payement des droits exigibles (art. 22).

Le répertoire des greffiers, notaires, huissiers et secrétaires des administrations est soumis à une réglementation spéciale par l'article 17, à peine d'une amende de 5 francs par contravention aux dispositions dudit article. (Voir *Répertoire.*)

Les mêmes officiers publics et ministériels sont assujettis, pour les copies, grosses et expéditions des actes de leur ministère, aux prescriptions de l'article 6 sur le nombre de lignes et de syllabes, à peine d'une amende de 5 francs par contravention. (Voir *Expédition.*)

Ils doivent communication de leurs minutes et répertoires aux agents de l'Enregistrement d'après les dispositions de l'article 22, à peine d'une amende de 10 francs en cas de refus. (Voir *Communication.*)

Toute contravention écrite, qualifiée fraudu-

leusement de verbale dans un exploit introductif d'instance, sera passible de double taxe (art. 14).

En cas de constatation du fait par le ministère public, les juges peuvent être rendus personnellement responsables des droits exigibles sur les actes produits en justice dont ils n'auraient pas ordonné l'enregistrement avant toute décision judiciaire (art. 14).

Les actes sous signature privée, portant mutation de propriété ou d'usufruit d'immeubles, sont soumis à la formalité et doivent acquitter les droits dans les six mois de l'entrée en jouissance, à peine d'une double taxe (art. 13). (Voir *Actes sous signature privée.*)

La remise des pénalités encourues pourra être accordée par le commissaire général du Gouvernement en conseil d'administration

Les Receveurs ouvriront, à un sommier de surveillance, un tableau, par officier ministériel ou fonctionnaire de sa circonscription, destiné aux inscriptions successives des contraventions constatées (art. 23).

Toutes les contraventions aux dispositions du décret du 1ᵉʳ juin 1903, commises par les officiers publics ou ministériels, seront punies d'une amende de 5 francs.

Pension alimentaire. — Le chapitre V du livre I, titre V, du Code civil définit les cas dans lesquels une pension alimentaire est due entre parents.

L'obligation de fournir des aliments existe entre parents en ligne directe à tous les degrés et est réciproque. Elle existe également entre époux et entre alliés en ligne directe, gendre, bru, beau-père et belle-mère, et entre autres ascendants ou descendants de chacun des époux.

Les constitutions de rentes et pensions alimentaires, dans les cas prévus ci-dessus, devenant des obligations de la loi, ne sauraient tomber sous le coup de l'article 9, § 8, n° 3; elles restent soumises au droit fixe de 3 francs.

Péremption. (Voir *Prescription.*)

Plan. — Les plans sont soumis au droit fixe de 3 francs. S'ils sont produits en justice pour une instance dont l'importance ne dépasse pas 100 francs, ils bénéficient, comme tous les actes sous signature privée, du tarif réduit à 1 franc.

Pluralité des droits. — Dans un même acte : il n'y a de pluralité de droits que sur les dispositions indépendantes les unes des autres passibles des droits proportionnels; les droits proportionnels excluent les droits fixes d'un montant inférieur; le droit fixe le plus élevé exclut le plus faible (art. 5, n°ˢ 1, 2 et 3).

Poursuites. (Voir *Procédure.*)

Pouvoir. (Voir *Mandat.*)

Prescription. — Toutes les réclamations par ou contre l'administration de l'Enregistrement seront prescrites :

Pour les actes non timbrés, par le délai de trente ans à compter du jour où la taxe est devenue exigible.

Pour les amendes de contravention aux dispositions du décret du 1er juin 1903, par le délai de cinq ans, à compter du jour où les amendes ou contraventions ont été constatées légalement.

Pour les insuffisances de perception et pour la restitution des droits indûment perçus, par le délai de trois ans à compter du jour de la première perception effectuée (art. 24).

Prestation de serment. — L'article 29, n° 11, a exonéré de tous droits les prestations de serment des fonctionnaires. Les prestations de serment des experts, des interprètes temporaires, etc., restent soumises, en tant qu'actes judiciaires, au tarif commun. (Voir *Jugements.*)

Prêt. (Voir *Obligation.*)

Procédure. — Le premier acte de poursuites à faire par le receveur de l'Enregistrement, pour le recouvrement des droits et pénalités exigibles, est une contrainte rendue exécutoire par le président du tribunal ou le juge de paix; à défaut d'opposition à cette contrainte dans un délai de huit jours de sa signification, augmenté des délais de distances, il sera procédé, par voie de saisie mobilière et, au besoin, immobilière.

Les instances devant les tribunaux, en matière d'enregistrement, sont poursuivies par mémoires que se signifient les parties, et jugées par le tribunal de première instance (art. 26).

Procès-verbal. — Nom générique donné à tout acte authentique destiné à constater un fait ou une convention : Procès-verbal de conciliation, d'expertise, d'enquête, de vente, etc. Mais nous n'envisageons que les procès-verbaux destinés à constater des infractions aux lois pénales, correctionnelles ou de simple police.

Assimilables aux exploits d'huissiers, ils sont passibles du droit fixe de 1 franc, au comptant ou en débet, selon qu'ils sont dressés à la requête d'un particulier ou du ministère public.

Procuration. (Voir *Mandat.*)

Prorogation de délai. — Acte par lequel un créancier consent à reporter à une date plus éloignée que celle originairement convenue, le terme fixé pour l'exécution des engagements de son débiteur.

Les prorogations de délai ne donnent pas ouverture au droit proportionnel, et l'acte qui les constate n'est soumis qu'au droit fixe de 3 francs.

Protêt. — C'est l'acte extrajudiciaire qui constate le non-payement d'une dette à son échéance par le débiteur.

Le protêt est tarifé à 1 franc ou 3 francs fixe, selon qu'il émane du ministère d'un agent d'exécution ou d'un notaire. L'acte constatant la dette non payée doit être enregistré en même temps que le protêt lui-même s'il n'a pas été soumis à cette formalité antérieurement.

Quittance. — Les quittances, reçus, décharges et, en général, tous actes portant libération de sommes ou valeurs n'ont pas été spécialement tarifés par le décret du 1er juin 1903, ils restent donc soumis à la règle commune des actes non assujettis aux droits proportionnels ; toutefois l'article 11 de l'arrêté du 22 décembre 1903 réduit le droit fixe à percevoir à 1 franc sur les actes de cette nature portant libération de sommes ou valeurs inférieures à 500 francs.

Les quittances administratives, qu'elles soient établies par un notaire ou un agent de l'administration, bénéficieront de l'exonération prévue par l'article 29 du décret organique, attendu qu'elles sont faites dans l'intérêt de la Colonie (art. 11 de l'arrêté de promulgation du 22 décembre 1903).

Ratification. — L'acte par lequel une personne approuve ce qui a été fait en son nom et confirme une convention irrégulière, s'appelle ratification.

Les actes de cette nature sont assujettis aux droits fixes s'ils ne contiennent pas de dispositions spéciales pouvant donner ouverture à la perception du droit proportionnel.

Receveurs de l'Enregistrement. — Il n'y aura provisoirement de bureaux de l'Enregistrement qu'à Libreville et Brazzaville. (Arrêté du 22 décembre 1903, art. 1er.)

Le rôle des receveurs consiste, d'après les dispositions du décret du 1er juin 1903 :

1° A percevoir les droits sur les actes sous signature privée qui leur seront soumis, à conserver et enliasser, par ordre de date et par année, les duplicata de ces actes qui seront déposés à leur bureau pour être communiqués aux parties contractantes sur réquisition (art. 10, voir *Communication*);

2° A recevoir les extraits, qui leur seront délivrés par les greffiers, des actes et jugements soumis à la taxe et n'ayant pas acquitté les droits ; à poursuivre contre les parties le recouvrement de ces droits et à percevoir les amendes encourues pour défaut d'exécution des prescriptions par les greffiers (art. 12);

3° A oblitérer, au moyen d'une griffe qui sera apposée de manière à laisser intacte la partie inférieure, les timbres représentatifs des droits perçus, tant par eux-mêmes que par les notaires, greffiers, huissiers et secrétaires des administrations; dater et signer ces timbres ; enfin vérifier l'exactitude des perceptions faites;

4° A vérifier et viser à chaque semestre les répertoires des officiers publics et ministériels ; recevoir desdits les fonds provenant de leur débite semestrielle de timbres ou les récépissés de versement de ces fonds à l'agence du Trésor de la résidence des envoyeurs; leur faire l'avance des timbres nécessaires à leurs besoins pour la durée de deux semestres : cette avance sera constatée sur un état dont le modèle est annexé à l'arrêté du 22 décembre 1903 (annexe B) et qui sera extrait d'un registre à souche dont les talons seront cotés et paraphés par le président du tribunal de la résidence du receveur ; de plus, cet état sera lui-même visé par l'administrateur du domicile du receveur;

5° A procéder quand ils le jugeront à propos, aux vérifications extérieures prescrites par l'article 22;

6° A constater, sur un sommier de surveillance spécial dont le modèle est annexé à l'arrêté du 22 décembre 1903 (annexe C), les amendes encourues par les officiers publics et ministériels, en effectuer le recouvrement au moyen de l'application, sur le répertoire du contrevenant, des timbres représentant le montant de l'amende ou de la part d'amende payée, enfin instruire les demandes qui pourraient être adressées en vue d'obtenir la remise d'amendes encourues (art. 23);

7° A exercer les poursuites ordonnées par l'article 26. (Voir *Procédure*.)

Reconnaissance de dette. (Voir *Obligation*.)

Reçu. (Voir *Quittance*.)

Réméré. — La faculté de réméré ou de rachat est un pacte par lequel le vendeur se réserve de reprendre la chose vendue moyennant la restitution du prix principal et le remboursement des frais (Code civil, 1659).

Bien que résoluble par la possibilité de l'exer-

cice de la faculté de rachat dont elle est affectée, la vente à réméré n'en confère pas moins à l'acquéreur tous les droits de son vendeur sur les immeubles et constitue une mutation immobilière passible du droit de 4 p. o/o sur le prix exprimé (art. 9, n° 1).

La faculté de réméré ne peut être stipulée pour un terme excédant cinq années (Code civil, 1660).

Le terme fixé est de rigueur (Code civil, 1661).

Le retrait, exercé dans les délais prévus par le Code civil, n'est qu'une exécution d'une clause légale et ne peut être considéré comme une mutation ; aussi n'est-il passible que du droit fixe de 3 francs prévu par l'article 8, § 3, n°s 1 et 2.

Au contraire le retrait, opéré après le délai maximum de cinq ans ou celui fixé dans l'acte de vente, opère une véritable mutation immobilière tarifée à 4 p. o/o par l'article 9, § 9, n° 4.

Remises. — L'article 31 du décret du 1er juin 1903 accorde à chacun des officiers publics et ministériels et agents de l'Enregistrement une remise de 2 p. o/o sur le montant de la valeur des timbres par eux envoyés, délivrés ou débités. Les mêmes timbres ne peuvent supporter au plus que deux fois cette remise : l'une au profit de l'agent de l'Enregistrement qui envoie ou délivre les timbres ; l'autre au profit de l'officier public ou ministériel qui les aura débités.

Remises d'amendes. — La remise totale ou partielle des pénalités encourues pour contraventions aux dispositions du décret du 1er juin 1903 pourra être accordée, suivant les circonstances, par le commissaire général du Gouvernement en conseil d'administration.

Renonciations. — C'est l'abdication ou l'abandon d'un droit, d'une faculté, d'un privilège.

La renonciation par acte notarié ou sous seing privé est passible du droit fixe de 3 francs.

Si elle a lieu par acte fait au greffe, elle devient un acte judiciaire assujetti au tarif des actes et jugements des tribunaux. (Voir *Jugements*.)

Rentes. — Les constitutions de rentes perpétuelles ou viagères sont assujetties à la taxe de 1 p. o/o sur le capital déclaré (art. 9, § 8, n° 3).

Les constitutions de pensions alimentaires résultant des obligations des articles 203 et 205 à 212 du Code civil ne sont passibles que du droit fixe de 3 francs (art. 3, § 3, n°s 1 et 2).

Pour l'évaluation, en capital, d'une rente annuelle perpétuelle, il suffit de multiplier la rente annuelle par 20; quant à celui des rentes viagères, il peut être proportionné à la durée vraisemblable du service de la rente, selon l'âge ou l'état de santé du crédi-rentier et laissé à l'appréciation des parties.

Répertoires. — Les notaires, greffiers, huissiers et secrétaires des administrations tiendront un répertoire à colonnes, coté et paraphé par le juge de paix ou par le président du tribunal de première instance, sur lequel ils inscriront jour par jour, sans blancs ni interlignes, ni grattages, ni surcharges, et par ordre de numéros, les actes qu'ils recevront. Chaque article du répertoire contiendra : 1° un numéro; 2° la date de l'acte; 3° sa nature; 4° les noms et prénoms des parties contractantes et leur domicile ; 5° l'indication des biens, leur situation, le prix, la somme ou la valeur lorsqu'il s'agira d'actes mettant en mouvement une valeur mobilière ou immobilière; 6° la date de l'oblitération des timbres fiscaux employés, équivalant à la relation d'enregistrement ; 7° le montant du prix des mêmes timbres employés (art. 17).

Le répertoire sera adressé, à la fin de chaque semestre, au bureau de l'Enregistrement (art. 18, n° 1) ; jusqu'au retour de ce document, il sera tenu un faux répertoire destiné à être transcrit sur le répertoire réglementaire. (Arrêté du 22 décembre 1903.)

La franchise postale avec chargement sera accordée pour les envois (art 21).

Toute infraction aux articles 17 et 18 du décret du 1er juin 1903 sera punie d'une amende de 5 francs.

Les agents de l'Enregistrement auront le droit, tous les jours non fériés, de 8 heures à 11 heures du matin et de 2 heures à 5 heures du soir, de se présenter au domicile de tous les officiers publics pour y procéder à la vérification et prendre communication de toutes pièces et répertoires.

Le refus de communication est puni d'une amende de 10 francs.

Résiliation. (Voir *Résolution.*)

Résolution. — C'est la mise à néant d'un contrat résilié, de telle sorte que les choses sont ramenées au point exact où elles étaient avant la passation du contrat.

La résolution, à moins qu'elle ne procède d'une cause légale qui entachait de nullité le premier contrat, est en réalité un second contrat ou une seconde mutation passible des mêmes droits proportionnels que la première.

Restitution. — Pour la restitution des droits perçus régulièrement : voir *Nullité* et *Prescription.*

L'article 8 du décret, § 1er n° 2, 4 n° 1, et 5 n° 2, en tarifant à 2 francs, 5 francs et 10 francs les exploits introductifs d'instance, a prévu la réduction des droits à 1 franc et le remboursement de l'excédent, dans les cas d'arrangement des parties avant toute décision judiciaire.

Ces restitutions auront lieu sur la demande des parties et sur la production d'un certificat délivré par le greffier et approuvé par le receveur de l'Enregistrement. (Arrêté du 22 décembre 1903.)

Retrait de réméré. (Voir *Réméré.*)

Rétrocession. — Une revente faite par l'acheteur au vendeur ; elle se distingue de la résolution en ce que, au lieu d'anéantir le contrat originaire, elle le confirme en ce sens qu'elle le laisse subsister à l'égard des tiers et se borne à former un nouveau contrat n'ayant d'effet que dans l'avenir.

La rétrocession est donc un nouveau contrat assujetti aux mêmes droits que le contrat originaire.

Révocation. — La révocation pure et simple d'un acte unilatéral non soumis aux droits proportionnels est assujettie elle-même au droit fixe. Si elle concerne un contrat synallagmatique, elle prend le nom de résolution. (Voir *Résolution.*)

Saisie. — Les procès-verbaux de saisie (saisie-arrêt, saisie-exécution, saisie conservatrice, saisie-brandon, saisie immobilière) sont des exploits du ministère des agents d'exécution. (Voir *Agents d'exécution.*)

Scellés. — Les procès-verbaux d'apposition et de levée de scellés sont des actes judiciaires, du ressort des juges de paix, assujettis au droit fixe de 2 francs par l'article 8, § 2 n° 3.

Dans les cas prévus par l'article 29, ces actes bénéficient de l'exemption de tous droits. (Voir *Exemption de droits.*)

Sentence arbitrale. (Voir *Jugements.*)

Servitudes. — L'acte constitutif d'une servitude immobilière moyennant un prix doit, comme un acte de vente d'immeubles, être enregistré dans le délai de six mois de l'entrée en jouissance (art. 13) et est assujetti au droit proportionnel de 4 p. o/o (art. 9, § 9, n° 1).

Sociétés. — Les actes de formation, de prorogation ou de dissolution de société ne sont pas spécialement tarifés et restent soumis au droit fixe de 3 francs. Si le contrat comporte des dispositions particulières : reconnaissance de dettes, obligations de sommes ou valeurs, mutation de droits mobiliers et immobiliers, etc., il y a lieu d'appliquer le tarif des droits proportionnels afférents à ces dispositions.

Solidarité. — Toutes les parties contractantes ou en cause, dans les actes à jugement, sont solidaires pour le payement des droits.

Soulte. (Voir *Échange* et *Partage*.)

Sous-bail et sous-location. (Voir *Bail*.)

Subrogation. — C'est une fiction juridique, admise ou établie par la loi, en vertu de laquelle une obligation, éteinte au regard du créancier originaire, par suite du payement qu'il a reçu d'un tiers, ou du débiteur lui-même, mais avec les deniers qu'un tiers lui a fournis à cet effet, est regardée comme continuant à subsister au profit de ce tiers qui est autorisé à faire valoir, dans la mesure de ce qu'il a déboursé, les droits et actions de l'ancien créancier. (Aubry et Rau.)

La subrogation est conventionnelle ou légale : dans le premier cas, il y a lieu de percevoir le droit de 1 p. o/o afférent aux cessions et délégations de créances (art. 9, § 8, n° 1); dans le second, l'acte ne donne ouverture qu'au droit fixe.

L'article 1251 du Code civil a défini les quatre cas de subrogation légale :

1° Subrogation au profit de celui qui, étant lui-même créancier, paye un autre créancier qui lui est préférable à raison de ses privilèges ou hypothèques.

2° Subrogation au profit de l'acquéreur d'un immeuble, qui emploie le prix de son acquisition au payement des créanciers auxquels cet héritage était hypothéqué.

3° Subrogation au profit de celui qui, étant tenu avec d'autres ou pour d'autres au payement de la dette, avait intérêt à l'acquitter.

4° Subrogation au profit de l'héritier bénéficiaire qui a payé de ses deniers les dettes de la succession.

Substitution. (Voir *Subrogation*.)

Surenchère. (Voir *Adjudication sur surenchère*.)

Surveillance. — Chaque receveur de l'Enregistrement ouvrira, à un sommier de surveillance, un tableau par officier ministériel ou public de sa circonscription pour y inscrire les contraventions successives constatées (art. 23). Un modèle, avec exemples, de ce tableau est annexé à l'arrêté du 22 décembre 1903. (Annexe C.)

Synallagmatique (Contrat). — C'est celui où les contractants prennent des engagements réciproques les uns envers les autres.

Tacite reconduction. — Convention nouvelle, tendant au renouvellement d'un contrat de louage, qui se forme par l'intention présumée des parties à l'expiration du bail.

La tacite reconduction n'étant pas une convention écrite, n'est sujette à aucune déclaration, aucun droit : le décret ne visant que les *baux écrits*.

Taxe. — En remplacement des anciens droits d'enregistrement et de greffe, le décret du 1er juin 1903 crée une taxe unique d'enregistrement et de timbre, tantôt fixe, tantôt proportionnelle et frappant, d'une part, les minutes des actes et jugements et, d'autre part, les copies et expéditions. La perception minime a effectuer est de 1 franc. Il n'y a point de fraction de franc pour la taxe proportionnelle applicable aux minutes (art. 1, 2, 3 et 4).

Pour le mode de perception de la taxe : voir *Timbre*.

Testament. — Les testaments sont de deux sortes : ordinaires ou privilégiés.

Les testaments ordinaires se divisent en :

1° *Testament olographe*, écrit en entier, daté et signé de la main du testateur (Code civil, art. 970);

2° *Testament public* qui est reçu par deux notaires en présence de deux témoins, ou par un notaire en présence de quatre témoins (Code civil, art. 971);

3° *Testament mystique* déposé clos et scellé au notaire en présence de six témoins au moins, dans les formes prévues par les articles 976 à 978 du Code civil.

Les *testaments privilégiés*, c'est-à-dire qui ne peuvent être valablement faits que par certaines personnes et dans des conditions spéciales, sont ceux faits :

1° Par les militaires en activité de service et par les autres personnes employées dans les armées (art. 981);

2° Par toute personne en temps de peste ou de maladie contagieuse (art. 985);

3° Par toute personne au cours d'un voyage maritime (art. 988);

4° Par toute personne en pays étranger (art. 999).

Les testaments, étant essentiellement révocables, ne sont soumis à l'enregistrement qu'après le décès du testateur. En France le délai est de trois mois après le décès; mais au Congo, en raison des difficultés des communications, aucun délai ne peut être fixé.

Les testaments de toute nature sont assujettis au droit fixe de 3 francs lors de leur enregistrement.

Timbre. — Les timbres institués par le décret du 1ᵉʳ juin 1903, pour représenter la taxe unique de timbre et enregistrement, sont de deux sortes.

1° Les timbres mobiles fiscaux :

Ils sont au nombre de sept ; 1 franc, 2 francs, 3 francs, 4 francs, 5 francs, 10 francs et 100 francs ; et représentent, par leur application en marge de la minute, le montant des droits fixes ou proportionnels exigibles sur les actes et jugements.

Ils sont apposés par les notaires, greffiers, huissiers et secrétaires des administrations, sur leurs minutes, à l'instant même de la réception des actes (art. 12).

Il n'est fait exception à cette règle d'apposition immédiate que pour :

1° Les testaments dont l'acquit des droits n'est exigible qu'après le décès du testateur (voir *Testament*) ;

2° Les jugements d'adjudications d'immeubles ou procès-verbaux d'adjudications volontaires devant notaire dont la perception des droits ne doit pas avoir lieu avant l'expiration du délai de surenchère (voir *Adjudication sur surenchères*) ;

3° Les jugements dont les droits n'ont pas été acquittés aux greffiers. Dans ce cas les greffiers doivent, dans un délai déterminé, délivrer des extraits de ces jugements aux receveurs, en vue de poursuivre le recouvrement des droits.

Pour le mode de procéder et la pénalité à encourir : voir *Greffier*.

L'oblitération de ces timbres est faite par le receveur de l'Enregistrement, au siège des bureaux, et par les juges de paix fonctionnaires faisant fonctions de juges de paix, dans les autres résidences. Elle s'effectue au moyen de : 1° L'inscription manuscrite sur le timbre, du lieu et de la date de la présentation de l'acte à la formalité ; 2° de la signature du receveur ou du juge de paix ; 3° de l'empreinte à l'encre grasse d'une griffe spéciale à chaque bureau ou justice de paix. Cette empreinte doit être apposée de façon à ne pas masquer la partie inférieure du timbre réservée aux inscriptions manuscrites (art. 16).

2° Papier spécial et timbres mobiles spéciaux pour copies et expéditions :

Le type du timbre employé en France, ayant pour titre « copies », devra être exclusivement employé par les notaires, greffiers, huissiers et secrétaires des administrations pour toutes les expéditions, copies collationnées et copies d'exploits qu'ils délivreront. Ils seront tenus de coller, sur la minute de l'acte dont copie ou expédition est délivrée, un nombre de timbres mobiles spéciaux correspondant au nombre de rôles employés à l'expédition ou copie.

Chaque rôle tarifé à 0 fr. 60 ne doit comprendre, au maximum, que 25 lignes à la page et 15 syllabes à la ligne.

L'expédition ou copie devra, elle-même, être écrite sur le papier spécial délivré gratuitement par l'Administration en même temps que le timbre mobile.

Pour le papier spécial, il est prévu deux dimensions correspondant à celles des feuilles de 0 fr. 60 (feuille simple, 0ᵐ,2500 × 0ᵐ,1768) et 1 fr. 20 (feuille double, 0ᵐ,2500 × 0ᵐ,3530) [art. 6].

Les timbres représentant, sur les minutes, le nombre de feuilles de copies employées sont annulés par les rédacteurs des actes au moyen de l'inscription de la date de délivrance des copies et de leur signature.

S'il a été employé, pour une expédition, six feuilles doubles à 1 fr. 20, la minute doit porter en marge une valeur de 7 fr. 20 de timbres spéciaux : soit un timbre à 6 francs et un à 1 fr. 20, soit six timbres à 1 fr. 20, etc.

Les timbres spéciaux sont des valeurs de 0 fr. 60, 1 fr. 20 et 6 francs.

Les notaires, greffiers, huissiers et secrétaires des administrations sont approvisionnés, par les soins du receveur de l'Enregistrement, des timbres correspondant à leurs besoins pour une année ; ils adresseront, à la fin de chaque semestre, au bureau de l'Enregistrement de leur circonscription : 1° les fonds provenant des timbres débités ou le récépissé du versement de ces fonds à la caisse publique de leur résidence ; 2° un état conforme au modèle A annexé à l'arrêté du 22 décembre 1903 (art. 18).

Les envois par le receveur aux officiers ministériels susdésignés sont constatés sur un état conforme au modèle B annexé au même arrêté.

Les officiers ministériels pourront, s'ils le préfèrent, faire l'avance du prix des timbres qui leur seront nécessaires, acheter ces timbres au comptant et être dispensés de la rédaction des états mentionnés ci-dessus (art. 19).

Aux sièges des justices de paix dépourvus de bureaux de l'Enregistrement, le greffier sera seul en compte avec le receveur et fournira, contre payement, les timbres nécessaires aux agents d'exécution, secrétaires et particuliers ; il apposera lui-même les timbres sur les actes et les présentera à l'oblitération du juge de paix. (Arrêté du 22 décembre 1903.)

Transaction. — Si la transaction a simplement pour but d'éviter une contestation à naître ou de terminer une contestation existante, moyennant un prix ou des concessions réciproques, le droit fixe de 3 francs serait seul exigible.

Mais si la transaction constate une obligation de sommes ou valeurs, ou si elle met en mouvement des droits mobiliers ou immobiliers, elle est sujette aux droits proportionnels particuliers à la convention qui résulte de la transaction.

Transport de créances. (Voir *Cession et délégation de créances.*)

Tutelle. (Voir *Avis de parents.*)

Usufruit et nue propriété. — L'article 578 du Code civil, traduisant les *Institutes de Justinien,* définit l'usufruit : le droit de jouir des choses dont un autre a la propriété, comme le propriétaire lui-même, mais à charge d'en conserver la substance. (*Usufructus est jus alienis rebus utendi fruendi, salvâ rerum substantiâ.*)

L'usufruit est un démembrement du droit de propriété, il est donc logique d'en avoir soumis la mutation au même tarif que les aliénations de propriété d'immeubles et d'avoir exigé l'acquittement des droits dans un délai déterminé (art. 9, § 1 n° 1, et art. 13).

C'est sur le prix exprimé, augmenté des charges, que le droit est basé; à défaut d'expression du prix, il devra être fait, par les parties contractantes, une déclaration estimative.

L'acte qui constate la réunion naturelle de l'usufruit à la nue propriété, n'est passible que du droit fixe de 3 francs ; mais, s'il y a vente ou donation du droit d'usufruit, c'est le droit proportionnel qui devient exigible.

Vente de meubles. — Tous les actes translatifs de propriété de meubles à titre onéreux ont été assujettis au droit de 1 p. o/o par l'article 9, § 8, n° 1.

Les actes de cette nature ne sont pas soumis à la formalité dans un délai de rigueur; mais, comme tous les actes en général, ils ne peuvent être présentés en justice qu'après avoir acquitté les droits.

Par exception, les actes des commissaires-priseurs, qui constituent généralement des ventes mobilières aux enchères, ne sont assujettis qu'au droit fixe de 3 francs (art. 8, § 3, n° 1).

Les ventes aux enchères de mobilier dépendant des successions vacantes et des successions des officiers et fonctionnaires français ne sont passibles d'aucun droit quand elles sont faites autrement que par le ministère du commissaire-priseur.

Vente d'immeubles. — Il résulte de la définition donnée par l'article 1582 du Code civil, que la vente est un contrat synallagmatique et commutatif par lequel une personne transfère à une autre la propriété d'une chose moyennant un prix que celle-ci s'engage à lui payer.

Les éléments essentiels de la vente sont : le consentement, la chose et le prix.

La vente est parfaite entre les parties, dit l'article 1583, et la propriété est acquise de droit à l'acheteur à l'égard du vendeur, dès qu'il est convenu de la chose et du prix, quoique la chose n'ait pas encore été livrée, ni le prix payé.

L'acte qui réunit ces conditions, fût-il qualifié promesse de vente, n'en est pas moins une mutation complète, passible du droit proportionnel, à moins qu'il ne contienne des clauses suspensives et résolutoires subordonnant la réalisation de la vente à des événements ultérieurs.

Sauf les adjudications ou ventes d'immeubles appartenant à l'État, qui sont tarifées à 1 p. o/o sur le prix exprimé et les frais préalables exposés pour la publicité et l'exécution de la vente (art. 9, § 8, n° 4), tous les actes translatifs de propriété ou d'usufruits d'immeubles (adjudications, ventes, reventes, cessions, rétrocessions, etc., par actes notariés, sous signature privée ou par jugement) sont tarifés à 4 p. o/o sur le prix exprimé, auquel il y a lieu d'ajouter les charges incombant à l'acquéreur, qui devront être évaluées en capital (art. 9, § 9, n° 1).

Les jugements des criées ou d'adjudication d'immeubles devant le tribunal sont passibles du droit fixe qui leur est propre, indépendamment de la taxe de 4 p. o/o sur le prix d'adjudication augmenté des charges, qui ne saurait être considéré comme une condamnation dont les droits proportionnels excluent la perception du droit fixe. (Voir *Adjudication.*)

Les actes sous signature privée portant mutation de propriété ou d'usufruit d'immeubles sont assujettis au payement des droits, dans le délai de six mois de l'entrée en jouissance, à peine de payement de double taxe. (Voir *Acte sous signature privée.*)

Ventes judiciaires d'immeubles. (Voir *Adjudication et Licitation.*)